NAPLES

ET

LA SOCIÉTÉ NAPOLITAINE

SOUS LE ROI VICTOR-EMMANUEL

PAR

M. MAXIME DU CAMP

EXTRAIT DE *LA REVUE DES DEUX MONDES*

LIVRAISON DU 1ᵉʳ SEPTEMBRE 1862

PARIS

IMPRIMERIE DE J. CLAYE

RUE SAINT-BENOIT, 7

1862

NAPLES

ET

LA SOCIÉTÉ NAPOLITAINE

SOUS LE ROI VICTOR-EMMANUEL

NAPLES

ET

LA SOCIÉTÉ NAPOLITAINE

SOUS LE ROI VICTOR-EMMANUEL

PAR

M. MAXINE DU CAMP

EXTRAIT

DE LA *REVUE DES DEUX MONDES*

LIVRAISON DU 1ᵉʳ SEPTEMBRE 1862

PARIS

IMPRIMERIE DE J. CLAYE, 7, RUE SAINT-BENOIT

1862

NAPLES

ET LA SOCIÉTÉ NAPOLITAINE

SOUS LE ROI VICTOR-EMMANUEL

Depuis que les provinces napolitaines, soulevées à la voix de Garibaldi, se sont volontairement réunies à l'Italie par le vote du 22 octobre 1860, le roi Victor-Emmanuel a visité deux fois la ville de Naples. A sa première entrée, le 7 novembre 1860, entrée dont j'ai raconté les détails dans la *Revue* (1), il fut reçu avec une froideur qui cachait quelque rancune et une certaine défiance : les gens du peuple, fort ignorans et n'ayant encore qu'une idée assez confuse de l'unité italienne, voyaient simplement dans le roi Victor-Emmanuel une façon de compétiteur qui venait se substituer à Garibaldi, qui, pour eux, avait remplacé le roi François II. Garibaldi, avec ses allures pleines de bienveillance et de franchise, était l'idole des *popolani*, qui naturellement firent un accueil peu empressé à celui qu'ils regardaient comme son successeur. Dans la classe moyenne, ce sentiment, à quelques nuances près, ne fut pas moins vif. Garibaldi était pour elle le libérateur qu'elle avait tant appelé, qu'elle attendait depuis si longtemps, et elle estimait, à tort ou à raison, que le gouvernement de Turin ne lui avait pas témoigné assez de reconnaissance. Elle qui avait su toutes les péripéties de la grande journée du Vulturne, elle était blessée que les Piémontais, qui n'y parurent même pas, s'en fussent laissé attribuer la gloire, en ne faisant pas démentir dans les journaux officiels la calomnie habile qui affirmait que, sans l'intervention des troupes régulières, la petite armée de Garibaldi était perdue et Naples reprise. En même

(1) Voyez la livraison du 1ᵉʳ mai 1861.

temps l'exclusion systématique et préméditée des volontaires de l'armée méridionale le jour de l'entrée du roi, l'absence au moment du triomphe de ceux qui l'avaient préparé à travers tant de fatigues, sans exciter positivement de colère, causa du moins une mauvaise humeur dont le roi put s'apercevoir en parcourant, pour se rendre au *palazzo reale*, les principales rues de la ville. On savait aussi que certains décrets excellens rendus par Garibaldi, pendant l'exercice de sa dictature, touchant l'abolition de la loterie, l'établissement des caisses d'épargne, l'établissement d'asiles pour les enfans, etc., seraient annulés, ou du moins ajournés, et cela n'était guère fait pour calmer les défiances du *mezzo cetto* (1) napolitain, qui considérait ces améliorations notables comme des conquêtes faites par lui-même à l'aide de Garibaldi. Quant à la noblesse, elle n'était point représentée à cette prise de possession officielle des provinces napolitaines par le roi d'Italie; elle n'était ni à Naples, ni à Gaëte : elle s'était enfuie aux premiers troubles, et n'était pas encore revenue.

La seconde entrée du roi ne fut point semblable à la première: dix-huit mois s'étaient écoulés lorsqu'il revint à Naples le 28 avril 1862 : il fut reçu avec un enthousiasme réel, très profond, que nulle mesure occulte n'avait préparé; le cri ordinaire de l'opposition napolitaine, *vive Garibaldi!* ne fut même pas proféré; ce fut bien le roi Victor-Emmanuel, c'est-à-dire le libre gouvernement constitutionnel qu'il représente, qui fut acclamé. Il est certain que les clameurs de joie furent peut-être grossies dans l'espoir que l'écho en parviendrait jusqu'à Rome, où l'on préparait à ce moment même une sorte de manifeste absolutiste; mais si l'ovation faite au roi, et souvent renouvelée, fut quelque peu inspirée par un esprit anti-papal, elle fut cependant, et dans presque tout son ensemble, un hommage volontaire rendu à l'unité de l'Italie, à la liberté sincère à l'aide de laquelle elle s'accomplit, et au roi honnête homme qui la symbolise. L'accueil réservé d'autrefois s'est changé en réception triomphale; le roi et les Napolitains ont paru se comprendre à merveille, et cependant bien des malentendus, perfidement exploités, auraient pu les séparer encore, si l'unité, s'établissant chaque jour sur une base plus solide, n'avait pour ainsi dire une force intrinsèque et essen-

(1) Locution assez difficile à traduire; elle correspondrait à celles de *tiers-état*, de *bourgeoisie*, si elle ne s'appliquait pas plutôt à la classe *lettrée* qu'à la classe *moyenne*. En France, vers 1848, nous avons eu dans nos discussions politiques une expression oubliée aujourd'hui, *les capacités*, qui rendrait assez fidèlement le sens spécial de *mezzo cetto*. — En Italie, on *respecte* les gens de noblesse et les gens en place, mais on ne *considère* que les lettrés. En 1858, je visitais sur les bords de la Brenta une fort belle villa qui avait appartenu au général autrichien G..., homme de haute famille; le *contadino* (paysan) qui me la montrait me dit, en parlant du général : C'était un grand seigneur, mais « sans littérature, » *senza lettere!*

tielle, supérieure par elle-même aux obstacles inévitables qu'elle rencontre comme aux obstacles qu'on lui crée.

Dans le contraste de ces deux réceptions faites à Victor-Emmanuel à la fin de 1860 et au printemps de 1862, se résume en quelque sorte toute une période de l'histoire napolitaine. D'un côté l'époque des défiances, des essais, des premiers efforts; de l'autre, l'ère nouvelle et vraiment féconde qui semble nous promettre la transformation morale d'une société de plus en plus digne de la liberté, voilà les deux aspects de la situation de Naples telle qu'on a pu l'observer depuis dix-huit mois, telle que l'ont montrée avec une netteté singulière les deux circonstances solennelles que nous venons de rappeler. Éclairé par ce rapprochement, essayons de suivre dans ses diverses formes ce travail de réparation qui s'est accompli de 1860 à 1862, depuis les campagnes contre le brigandage jusqu'aux pacifiques réformes dont un récent séjour à Naples nous a permis d'apprécier l'influence.

I.

Après la chute de François II, il y eut, dans les provinces napolitaines, une explosion de telles et si vives espérances qu'il est naturel qu'elles n'aient point été toutes réalisées: il y eut donc là une déception, une sorte de souffrance générale qui pesa sur chacun en particulier. On quittait l'âge de fer pour entrer dans l'âge d'or, on était parti avec des ailes pour s'élancer d'un seul bond au sommet des réalisations entrevues; il n'en fut point ainsi, l'espoir avait été, en raison directe des souffrances qu'on avait supportées, immense: il en fallut bien rabattre, et au lieu de courir, comme on le croyait, on vit qu'il fallait marcher à pas comptés et avec une extrême prudence. Le peuple napolitain, qui est un peuple d'une rare intelligence, et qui ferait de si grandes choses si sa paresse native et climatérique ne le paralysait, comprit vite et bien la situation du gouvernement de Turin, et au lieu de le gêner dans ses efforts souvent maladroits, il ne tarda pas à l'aider avec beaucoup de soumission et une abnégation remarquable.

« Il est incontestable que le gouvernement des Bourbons a laissé derrière lui les écuries d'Augias. » Ces mots, qu'adressait récemment sir James Hudson au comte Russell (1), sont d'une vérité absolue, et les Napolitains de bonne foi en sont intimement pénétrés: aussi, malgré quelques mécontentemens inséparables d'une révolu-

(1) Dépêche du 8 mai 1862.

tion pareille, laissent-ils loyalement aux ministres le temps de balayer les débris du passé et de préparer la construction de l'édifice nouveau, tout en consolidant l'œuvre nationale vers laquelle tendent aujourd'hui les vœux de l'Italie entière. Ils se sont résignés à souffrir l'amoindrissement de leur capitale, la troisième ville d'Europe, dit-on, devenue un simple chef-lieu de préfecture; ils attendent avec patience les améliorations morales et matérielles auxquelles ils ont droit, car ils ont compris, avec un instinct très juste, que dans les circonstances actuelles la question politique dominait absolument la question administrative, que l'Italie, sans capitale, sans frontière au nord-est, encore occupée en partie par ses adversaires, devait d'abord se compléter pour être vraiment *une*, et qu'avant de demander au gouvernement les œuvres de progrès qu'il a pris l'engagement implicite d'accomplir en acceptant le plébiscite qui lui donnait le royaume des Deux-Siciles, il faut l'aider à constituer la patrie. Cette idée de patrie, qui, selon beaucoup d'hommes, est la plus haute idée qui puisse faire battre nos cœurs, est pour la plus grande partie des gens du peuple napolitain une idée absolument nouvelle. Les gouvernemens qui avaient à Naples précédé celui du roi Victor-Emmanuel avaient eu grand soin d'entretenir l'esprit de municipalisme et de fomenter par tous les moyens l'antagonisme qui existe généralement entre gens du nord et gens du midi; ce système d'isolement et d'égoïsme avait été celui des princes italiens qui vivaient sous la tutelle de l'Autriche. C'est, sans contredit, en majeure partie aux effets dissolvans produits par cette politique que l'Autriche doit les succès qui terminèrent l'explosion de 1848 et 1849. Il n'y a pas cinq ans que je disais à quelqu'un : « Vous êtes Italien? » et qu'il me répondit : « Non, je suis Napolitain! » Il y avait donc les Napolitains, puis les Calabrais, qui ne voulaient pas être confondus avec les Napolitains, puis les Siciliens, qui ne voulaient être confondus ni avec les Napolitains ni avec les Calabrais : c'était dans les provinces mêmes des Deux-Siciles et dans le même royaume une sorte de tour de Babel et la confusion des patois. Aujourd'hui il n'en est plus ainsi, et l'on vous répond : « Je suis un Italien de Naples, de Messine, de Brindisi ou de Maïda; » l'italianisme est entré dans tous les cœurs et les fait battre à l'unisson. En 1860, après l'entrée de Garibaldi à Naples, où les *popolani* ne voyaient en lui qu'un nouveau et plus doux maître qui chassait l'ancien, bien des gens des quartiers populaires, après avoir crié *vive l'Italie une!* nous disaient : « L'Italie, qu'est-ce que c'est? une, qu'est-ce que cela signifie? » Pendant les mois de mai et de juin qui viennent de s'écouler, j'ai causé avec bien des hommes du peuple, avec des mariniers, avec des paysans, avec ces bons paresseux qui sont humiliés maintenant d'être appelés *lazzaroni*; tous savent parfaitement ce que c'est que l'unité de l'Italie, ils en parlent entre eux, ils regardent vers Rome, et disent de Venise : « C'est à l'autre bout, comme qui dirait le Reggio de l'Italie du nord. » Pour ceux qui ont pratiqué un peu le peuple de Naples et qui se rappellent l'inconcevable indifférence qu'il avait pour toutes choses, ce progrès est très frappant. On peut quelquefois, à Naples, battre un *lazzarone*, il pourra se contenter de courber les épaules et s'éloigner; mais si vous l'appelez Autrichien, il répondra infailliblement par un coup de couteau. Il y a deux ans, il n'aurait pas compris. Quand le manifeste des évêques engageant le pape à ne point céder aux vœux de l'Italie fut connu à Naples, ce fut, parmi le peuple, une explosion de colère et aussi de douleur. Un pêcheur de Capri me disait : « Pourquoi le pape est-il notre adversaire? Puisqu'il est catholique et Italien, il devrait nous aimer et nous aider; ne sommes-nous pas aussi Italiens et catholiques? »

Il est un fait à signaler, car il a son importance. Parmi les brigands qui ont été saisis les armes à la main, soit dans les provinces éloignées, soit aux environs du Vésuve et de Castellamare, on n'a jamais trouvé un seul homme du peuple de Naples, et cependant, directement placés sous les largesses royales, c'étaient les *popolani* de Naples, ceux mêmes que le roi appelait ses bons amis et ses enfans, qui auraient dû se joindre aux bandes qui invoquent son nom pour détrousser les voyageurs, rançonner les fermiers et arrêter les diligences.

On a beaucoup parlé du brigandage, et, comme un certain parti s'en est fait une arme pour blesser le gouvernement nouveau, on l'a singulièrement exagéré. Sans entrer ici dans des détails circonstanciés et qui n'auraient rien de nouveau, il est bon cependant de dire quelques mots de ces fameuses bandes qu'on a osé comparer aux armées vendéennes, oubliant que la Vendée a eu jusqu'à soixante mille soldats sous les armes, et que les bourbonniens, pour leur donner le nom qu'ils revendiquent, en réunissant tous leurs groupes, toutes leurs guérillas, n'ont jamais compté quinze cents hommes, et cela au plus mauvais moment, à l'époque du licenciement de l'armée napolitaine.

L'ancien royaume des Deux-Siciles a du reste été de tout temps la patrie traditionnelle des brigands; le pays, séparé en petites contrées que divisent des montagnes parfois inaccessibles, semble fait exprès pour donner asile aux bandits, que l'absence de routes protége contre toute atteinte. Ceux qui refusent l'impôt ou le service militaire, ceux qui *ont eu un malheur* et que la justice poursuit, ont vite fait de se jeter dans la montagne, où la forêt leur sert de refuge: ils lèvent des contributions sur les habitations voisines et vivent tant bien que mal sans être déshonorés par leur atroce métier, qui, dans les mœurs singulières et toutes païennes des habitans, est une industrie comme une autre. Sans parler du brigandage qui désola l'Italie méridionale sous les règnes de Joseph et de Murat, brigandage qui s'abritait, comme aujourd'hui, sous des prétextes politiques, et qui fut si vigoureusement comprimé par le général Manhès, que les Calabrais nomment maintenant *santo Manhès*, on peut dire en toute vérité que les brigands ont toujours existé dans les parties montagneuses des Deux-Siciles. En 1822, au mois d'août, je crois, à l'époque où tous les princes légitimes étaient paisiblement assis sur leurs trônes, le ministre des Pays-Bas fut enlevé sur la grande route, entre Terracine et Capoue; la sécurité des chemins était si peu certaine qu'au mois de décembre de la même année on fut obligé d'échelonner dix mille soldats entre la frontière romaine et Naples pour protéger efficacement la personne du roi de Prusse, qui allait faire visite à sa majesté napolitaine. « Les Bourbons restaurés prirent un autre moyen pour détruire le brigandage dont ils s'étaient servis et qu'alors ils se reconnurent impuissans à réprimer. Le général Amato vint à composition avec la bande de Vandarelli, qui infestait la Pouille, et lui accorda non-seulement le pardon et l'oubli, mais il fut stipulé qu'elle serait transformée, avec une solde réelle, en une légion armée au service du roi, à qui elle prêterait serment. Les conventions faites, la bande vint à Foggia pour se rendre, et là elle fut détruite à coups de fusil (1). »

Il n'y a pas vingt ans, sous le règne de Ferdinand II, un certain Talarico, ayant eu quelques difficultés avec les autorités de la Calabre ultérieure première, se fit brigand et réunit bientôt autour de lui une bande de quarante à quarante-cinq hommes. Il se mit en chasse des carabiniers (gendarmes), pilla les convois de marchandises, se fit nourrir par les communes, semblait imprenable et terrifiait le pays. On ne pouvait en finir avec un si rude adversaire, qui se riait des embuscades et déjouait les trahisons; on fit alors avec lui un traité qui fut solennellement juré et respecté, par lequel on lui accordait une pension mensuelle de 30 piastres (153 francs) et une paie journalière de 3 carlins (1 franc 26 centimes) pour chacun des trente-sept hommes qui lui restaient encore; en outre il fut convenu qu'en cas de mariage, un carlin de plus par jour serait donné pour chaque enfant qui naîtrait. Talarico fut d'abord interné dans l'une des îles Lipari, puis, comme le climat ne lui convenait pas, on l'autorisa à résider à Ischia, où il est devenu capitaine de port. Il est marié et a neuf enfans. Je l'ai vu et j'ai causé avec lui : c'est un

(1) Circulaire du baron Ricasoli, 24 août 1861.

solide et joyeux gaillard que l'âge n'a pas affaibli, point ivrogne et grand danseur de tarentelle. Lorsqu'il parle de sa vie d'autrefois, il dit : « C'était le bon temps! »

Le brigandage existait donc jadis dans le royaume des Deux-Siciles, et les rois étaient forcés d'entrer en composition avec les bandits. Qu'il y ait eu recrudescence depuis la chute de François II, ceci est un fait hors de doute et qui s'explique de lui-même. Beaucoup de criminels, profitant des désordres que la révolution conduite par Garibaldi amenait forcément dans l'administration, s'échappèrent de prison: tous ceux qui ne furent point repris mènent depuis ce moment la vie d'aventure et sont fort heureux de pouvoir cacher leurs méfaits sous une apparence politique; de plus, l'ancienne armée napolitaine a été licenciée et a fourni de nombreuses recrues aux détrousseurs de grandes routes. Cette dernière mesure du cabinet de Turin a été vivement blâmée, et les Napolitains particulièrement ont jeté les hauts cris en disant que cette armée de soldats allait devenir une armée de brigands qui désolerait les provinces. La plainte était fondée; cependant, si l'on eût incorporé ces soldats animés d'un mauvais esprit dans l'excellente armée italienne, il était à craindre qu'ils n'y apportassent la démoralisation dont ils étaient atteints. Entre deux maux, le ministère a sagement fait de choisir le moins grave : il valait mieux avoir des brigands plus nombreux à combattre que de voir se disloquer peu à peu une armée nouvelle, composée d'élémens encore mal fondus, et qui exigeait alors les soins particuliers qui en ont fait aujourd'hui une troupe de premier ordre.

Le brigandage a fait beaucoup de mal aux provinces napolitaines, cela est certain; mais jamais, pas une heure, pas une minute, il n'a mis en péril l'ordre de choses nouvellement établi : la troupe régulière n'a donné elle-même qu'assez rarement, et le plus souvent la garde nationale, dont on ne saurait trop faire l'éloge, a suffi pour vaincre, disperser et détruire des bandes redoutées. En Calabre, les principaux propriétaires se sont mis à la tête de leurs tenanciers armés, et pas un brigand n'existe actuellement dans les provinces où jadis ils trouvaient partout chère-lie et bon accueil. Les pays les plus éprouvés sont ceux qui sont limitrophes des États-Romains, où le brigandage se recrute et se réfugie. « Je m'enquis auprès des employés du chemin de fer de la situation du brigandage. Ils me dirent que dans le commencement il n'était pas rare de perdre en une nuit deux cents ouvriers qui étaient enrôlés par un agent pontifical moyennant 15 piastres par tête pour servir comme brigands pendant un temps désigné (1). »

---

(1) Dépêche de sir J. Hudson déjà citée.

L'éloignement où nous sommes en France de ces hommes les grandit et les poétise; volontiers nous croirions que leur cri de ralliement est la vieille devise : « Dieu et mon roi! » C'est là une erreur capitale: ces malheureux n'ont même pas la valeur fort contestable qu'eurent jadis dans notre pays les *compagnons de Jéhu* et les *chevaliers du brassard*; si j'avais à chercher leur analogie dans notre histoire, je la trouverais peut-être dans les *chauffeurs* et les *rouleurs de plaine*. Voici par exemple les renseignements qu'a recueillis sur les principaux chefs de bandes un homme qui vit depuis longtemps à Naples, et qui a été le témoin oculaire de ce qu'il raconte : « Carmine Donatelli, de Roniero, surnommé Crocco, galérien évadé, trente délits, quinze vols qualifiés, trois tentatives de vol, quatre séquestrations de personnes, trois homicides, deux tentatives d'assassinat : Crocco a pris le titre de général; — Vicenzo Nardi, de Ferrandina, connu dans les bandes sous le nom de colonel Amati, quinze vols, quatre assassinats; — Michele de la Rotonda, de Ripacandida, quatre vols, deux tentatives d'assassinat, deux séquestrations de personnes, lieutenant-colonel; — le major Giuseppe Nicola Summa, trois vols qualifiés, deux tentatives d'assassinat, etc. (1). »

Par les chefs, on peut juger des soldats; tous portent le signe de reconnaissance envoyé de Rome, une bague de zinc avec cette devise : *Fac et spera*. Ils rançonnent indifféremment amis et ennemis, et n'ont point hésité à livrer au pillage les églises dont les prêtres étaient cependant venus les recevoir avec la croix et la bannière. Sous prétexte d'attachement à la dynastie tombée, ils *travaillent* pour leur propre compte et tâchent de s'enrichir. On peut affirmer, sans crainte de se tromper, qu'il n'y a aucune foi politique chez ces hommes, qui sont le rebut d'une société trop violemment remuée par des crises formidables: ils font aujourd'hui la guerre à Victor-Emmanuel en criant *vive François II!* comme ils feraient demain la guerre à François II en criant *vive Victor-Emmanuel!* Pour eux le brigandage est un métier et l'attachement aux Bourbons un prétexte (2).

Aujourd'hui le brigandage tend à rentrer dans son état normal, c'est-à-dire à se réduire à quelques groupes de malandrins courant

(1) M. Marc Monnier, *Histoire du brigandage dans l'Italie méridionale*, p. 78-79; Paris 1862.

(2) Il est un homme cependant qu'il ne faut pas confondre avec les misérables dont je viens de parler. C'est Borjès, qui fut cruellement trompé par le principal meneur de la réaction bourbonnienne. Il fut honnête, convaincu, crut faire son devoir en acceptant la mission violente et dérisoire qu'on lui imposa; il appartenait à un principe et voulut loyalement le défendre lorsqu'il le vit vaincu par le principe contraire; il le dit lui-même dans son très curieux et très important journal : « Je tiens à ce que cet écrit parvienne à sa majesté, afin qu'elle sache que je meurs sans regretter la vie que je pourrais avoir l'honneur de perdre en servant *la légitimité*. »

la campagne et vivant sur le paysan. Un de ces groupes occupe le Monte-Gargano, en Capitanate, province très propice aux débarquemens clandestins; un autre apparaît de temps en temps dans la Basilicate; un troisième parcourt les environs du Vésuve sous la conduite d'un certain Pilone, dont j'ignore le vrai nom, et rançonne volontiers les touristes qui s'éloignent trop imprudemment de Sorrento et de Castellamare. Enfin, sur la frontière septentrionale, Chiavone dirigeait, il y a quelque temps encore, plutôt qu'il ne commandait quelques bandits qui faisaient des incursions sur le territoire napolitain et rentraient vite, à la première apparence de danger, dans les états pontificaux, où ils trouvaient facilement à se refaire de leurs fatigues (1).

II.

Le moment ne tardera pas à venir où le brigandage cessera de lui-même. Ce moment ne peut être éloigné, dis-je, car c'est celui où commenceront les grands travaux publics que réclame impérieusement l'état physique des provinces napolitaines, qui est le même encore que du temps des Bourbons. Déjà une ligne importante de chemins de fer a été concédée à une société financière qui offre des garanties. Ce grand travail occupera bien des bras, et par conséquent ôtera au brigandage toute chance de se recruter parmi les misérables. Dans les provinces napolitaines, le prix moyen de la journée d'un homme employé aux travaux agricoles est de 37 centimes. Quoique l'existence soit facile dans ces pays aimés du soleil, il n'en est pas moins à peu près impossible de vivre avec une si modeste somme. Il n'est donc pas surprenant que ceux dont elle est l'unique ressource se soient parfois laissé tenter par la promesse d'une haute paie de 3 carlins par jour, et aient pris part à des actes de brigandage. On a calculé approximativement que la construction des voies ferrées emploierait trente ou trente-cinq mille personnes. C'est plus qu'il n'en faut pour pacifier radicalement l'Italie du sud.

Nous nous figurons mal en France, dans notre pays, où le plus humble des hameaux a ses voies de communication avec les villages voisins, l'inconcevable incurie du gouvernement bourbonien en matière de ponts et chaussées. Je ne puis parler en connaissance de cause que de ce que j'ai vu. Une route va de Naples à Reggio: elle est en rapport avec les villes éloignées par des sentiers tracés

---

(1) Chiavone vient d'être fusillé, dit-on, par ordre d'un de ses supérieurs, l'Espagnol Tristany.

au hasard à travers champs, où deux mulets ne passeraient pas de front, et qui rendent toute exploitation sérieuse absolument impossible. Les voyageurs qui ont séjourné à Naples se rappelleront certainement avoir vu des ânes outrageusement chargés d'un immense monceau de paille, de foin ou de légumes; ils ont pu s'étonner que de pareils fardeaux ne soient pas traînés sur des charrettes. C'est que les paysans qui les apportent n'ont point de charrettes, parce qu'il n'y a point de chemin assez large autour de leurs villages, qui cependant sont peu éloignés de Naples. Si l'on est obligé de transporter les céréales sur des bêtes de somme, il est facile de comprendre que les riches carrières de marbre des Calabres soient inexploitées, et qu'on n'abatte dans les forêts que le bois qui peut être consommé sur place. Il y a cependant sur les montagnes de l'intérieur, dans les Calabres et dans la Capitanate, des forêts de chênes et de châtaigniers qui suffiraient à alimenter les plus actifs chantiers de construction maritime. Le roi Joseph avait compris l'importance de ces ressources forestières : c'est Bagnara qu'il avait désigné comme port de construction, lorsqu'il préparait les expéditions avortées de la Sicile. On n'avait en effet qu'à couper les arbres et à les laisser rouler jusqu'à la mer, pour avoir les matériaux en abondance.

Toute cette Italie méridionale est un pays à découvrir; il faut l'avoir visité en détail pour se figurer les ressources extraordinaires qu'il offrira au commerce et à l'industrie, lorsque des voies ferrées, de grandes routes, des chemins vicinaux, le mettront tout entier en communication avec les mers qui l'entourent, et l'auront fait entrer dans la loi d'échange commune aux peuples civilisés. Ce n'est pas seulement le bois de construction qu'on y trouvera sans peine, mais les marbres les plus beaux (le *vert antique* ou *vert de mer* sert à faire des marches d'escalier à Maïda, à Marcellinara, à Catanzaro), le coton, dont on va, je crois, commencer la culture en grand, les céréales de toute sorte, la soie, le vin, les métaux, la cire, la garance, les essences provenant des arbres résineux, la réglisse (si abondante qu'elle est connue commercialement sous le nom de *calabre*); l'huile, qui est extrêmement riche; le chanvre, la canne à sucre, qu'on acclimatera facilement; le maïs, dont on expédie déjà les feuilles en larges ballots pressés pour faire des sommiers; les oranges et les citrons, qui, dans les années de mauvaises récoltes, valent 20 centimes le kilogramme; l'absinthe, qui croît naturellement; les bois de luxe pour la fabrication des meubles: que sais-je encore? mille autres richesses au milieu desquelles un peuple entier meurt de faim, faute de pouvoir en tirer parti. Les routes qui sillonnent nos départemens de l'ouest rendent aujourd'hui une *Vendée* impossible; la chouannerie même n'y pourrait subsister. Les routes que l'on va tracer dans les provinces napolitaines leur rendront la tranquillité, et en feront un des pays les plus riches du globe. « Du travail! du travail! » tel est le cri de tous les hommes intelligens qui habitent l'Italie du sud; c'est le cri des agens diplomatiques, des préfets, des propriétaires, le cri de tous ceux qui, payant l'impôt, ont droit à la sécurité.

Parmi les grands travaux qu'on ne peut tarder à entreprendre pour utiliser cette terre féconde et lui donner les moyens de mettre à profit les immenses ressources qu'elle renferme, il en est un d'une haute importance, auquel on devra songer bientôt et dont il est bon de parler dès à présent. Il s'agit d'un port à créer dans la mer Adriatique. C'est le devoir du gouvernement italien de fonder un établissement maritime qui, à un moment donné, puisse servir de refuge à ses flottes et lutter avantageusement contre les ports militaires où l'Autriche s'est fortifiée en Croatie et en Dalmatie. Or à cette heure l'Italie ne possède en réalité qu'un seul port sur son rivage oriental, c'est Ancône. Il est à craindre qu'on ne puisse jamais en faire un port de premier ordre, et que, malgré les travaux qu'on y exécute, il ne soit jamais capable de contenir une grande flotte; l'ancrage y est actuellement impossible pour les vaisseaux de haut bord qui ont trente mètres de tirant d'eau, car la mer n'y a nulle part plus de vingt-six mètres de profondeur: les vents du nord et du nord-est y sont dangereux; tout y est à créer, et les bois de construction sont loin qui pourraient alimenter les chantiers. Il existe dans les provinces napolitaines un emplacement que la nature semble avoir disposé à dessein pour servir de port aux flottes de l'Italie; je veux parler du lac Varano, situé en Capitanate, à l'éperon même de la botte. Séparé de la mer par une langue de terre de cinq cents pas de large, il a trente-sept milles de circonférence, dix de longueur et sept de largeur; il offre partout un mouillage de plus de trente-cinq mètres, il est indiqué de loin par l'énorme sommet du Monte-Gargano, chargé de forêts mûres pour l'exploitation, où l'on trouverait tous les élémens de constructions maritimes, depuis le bois jusqu'au goudron; la pyrite de fer abonde dans les terrains environnans; à la fois port et rade, il serait par le fait la clé de l'Adriatique (1). Il suffirait d'ouvrir son rivage pour avoir un admirable établissement maritime, assez éloigné dans les terres pour être à l'abri des vents, et auquel la grève qui le sépare actuellement de la mer servirait de jetée naturelle et indestructible. De quelle utilité ne serait pas un port semblable, trouvant tous ses ravitaillemens autour de lui-même, dans le cas d'une guerre avec l'Autriche, dans le cas où la

(1) *Porto di Varano; Idee di G. Aurelio Lauria.* Naples, mai 1862.

liquidation de la question d'Orient entraînerait l'Italie dans une conflagration générale! Placé directement en face de Naples, il serait facilement relié au golfe napolitain par un chemin de fer qui servirait au transit des marchandises destinées à la côte occidentale de l'Adriatique, à la Grèce, aux îles de l'Archipel et à la Turquie.

La plupart des vastes travaux dont je viens de parler ne sont encore que des projets qui n'ont pas reçu commencement d'exécution, et déjà cependant la seule influence de la liberté apportée par le *statut* piémontais a, dans bien des endroits, changé la face du pays. « L'aspect des villes dans l'Ombrie et dans les Marches est celui de villes qui viennent de naître à une vie nouvelle. Quand on a traversé le Tibre, la scène change : en entrant dans les états pontificaux, nous entrons dans le désert. » Cette observation de sir John Hudson est vraie aussi pour les états napolitains, et sera reconnue juste par ceux qui, les ayant parcourus sous le règne des Bourbons, les visitent aujourd'hui. La liberté porte en elle une force vitale qui, par elle-même, ranime les contrées les plus éteintes. Si aux bienfaits inhérens à un régime libre on ajoute la vivification des grands travaux d'utilité générale, je ne sais trop ce que les anciennes provinces napolitaines auront à envier aux autres nations.

En dehors des hommes d'état chargés de maintenir le statut dans son intégrité et d'en assurer l'exécution, c'est d'un bon ministre des travaux publics que l'Italie a le plus besoin à cette heure, et ce qu'il faut donner à Naples au plus vite, c'est un excellent préfet de police. Avec de simples *arrêtés* auxquels ceux de la police parisienne pourraient, dans beaucoup de cas, servir de modèles, on ferait facilement de Naples une ville merveilleuse. Elle a été, je le sais, longtemps réfractaire à toutes les améliorations; indolemment couchée sur le rivage de la mer, presque endormie sous la chaleur de son soleil énervant, elle s'est plu, pour ainsi dire, dans sa paresse et sa malpropreté. Je sais qu'il a fallu user de supercherie pour qu'elle consentît à éclairer ses rues, dont la nocturne obscurité favorisait les voleurs; il a fallu à chaque carrefour élever des tableaux de sainteté et des statues de la Vierge pour avoir un prétexte à allumer des lampes votives qui, du moins, répandaient quelque clarté. C'est à grand'peine et avec mille ménagemens qu'on a pu y introduire le gaz; mais on a eu soin d'écarter démesurément les candélabres les uns des autres, de façon à ménager une demi-obscurité propice aux méfaits qui réclament la nuit. Bientôt il n'en sera plus ainsi. Un traité vient d'être passé avec une compagnie française pour l'éclairage au gaz de la ville de Naples, j'entends de la ville entière et non pas seulement, comme aujourd'hui, des rues principales; mais tout est à faire, les lanternes, les tuyaux, le gazomètre, et dans dix-huit mois seulement les travaux seront exécutés. Un nouveau port, dont le roi a solennellement posé la première pierre, va être construit à l'est de la ville, où tout un quartier neuf doit être bâti, ce qui permettra de faire des trouées dans ce qu'on appelle le *vieux Naples*, et de donner de l'air à ces ruelles infectes qui sont des foyers de mortalité pendant les épidémies. Le service de voirie n'est pas fait dans la ville, des immondices s'y accumulent, empestent l'atmosphère, et ne sont souvent enlevées que par les hasards d'un orage qui les entraîne à la mer; un arrêté municipal et l'embrigadement de deux ou trois cents balayeurs suffiraient à nettoyer une ville dallée, où les pluies sont rares, et qui n'a point, comme Londres et Paris, le double inconvénient du macadam et d'un climat humide. Naples manque d'eau, et l'on pourrait presque affirmer que ses fontaines publiques sont insuffisantes à la désaltérer; il est inexplicable qu'on n'y ait pas encore conduit les eaux excellentes qui coulent avec tant d'abondance du haut de Monte-Briano, qui alimentent les cascades des jardins de Caserte, et qu'un aqueduc amènerait si facilement jusqu'au milieu de Naples. Naples a déjà le soleil et la mer; le jour où on lui donnerait l'air et l'eau, ce serait une ville sans seconde pour la salubrité. Ce ne serait ni coûteux ni malaisé; pourquoi donc ne l'a-t-on pas encore fait? J'en ai déjà donné la raison plus haut, c'est parce qu'aujourd'hui la question administrative disparaît naturellement devant la question politique.

La police, — et j'entends donner à ce mot sa vieille et sérieuse acception : protection de la ville, — doit jouer un rôle considérable à Naples si, comme je le crois, le gouvernement italien est décidé à réprimer les abus que l'ancien régime tolérait toujours et encourageait quelquefois. Des dépôts de mendicité sont indispensables dans cette cité populeuse où l'on est mendiant de père en fils, par profession, sans honte et même avec plaisir; de l'aveu même des Napolitains les plus amoureux de leur ville, la mendicité est une plaie qui la déshonore. Vers 1842, le roi Ferdinand avait promis de fonder quatre grands établissemens de refuge pour les pauvres, le premier à Naples, le second dans la Terre de Labour, le troisième dans le Principat-Supérieur, le quatrième à Bari. Malheureusement il en fut de ce projet comme de tant d'autres sous le même règne, il ne fut jamais exécuté. Les seuls dépôts qui existent à présent dans les provinces napolitaines sont l'*Albergo dei Poveri* à Naples et deux autres établissemens analogues, l'un dans l'Abruzze ultérieure seconde, l'autre dans la Terre de Labour. Au commencement de cette année, la préfecture de Naples, sérieusement émue par la quantité innombrable de pauvres qui vaguaient par la ville, fit arrêter la plus grande partie des mendians, les classa en diverses catégories, renvoya dans leurs provinces ceux qui n'appartenaient pas à Naples même, traduisit devant les tribunaux sous l'accusation de vagabondage ceux que nulle infirmité ne rendait invalides, et fit distribuer les impotens, les vieillards, les infirmes dans différens établissemens de bienfaisance; mais cette mesure, excellente en elle-même, n'eut pas tout le résultat qu'on pouvait espérer. Les établissemens n'étaient point assez vastes ni suffisamment fournis pour recevoir et alimenter des hôtes si nombreux; puis les vagabonds reprirent instinctivement leur vie ancienne dès qu'ils furent quittes des peines qu'ils avaient encourues. En attendant l'heure où ce peuple aura pris l'habitude du travail en devenant plus instruit, le gouvernement et les municipes des provinces napolitaines devraient s'entendre pour construire de grands asiles où seraient recueillis tous les fainéans qui ne vivent que de mendicité. Les remarquables colonies de mendians que la Hollande a établies à Ommerschans et à Frederiksoord, colonies où la commune et le gouvernement concourent par portions déterminées à l'entretien des pensionnaires, sont d'excellens modèles à étudier et à imiter. Il ne manque pas dans l'Italie méridionale de terrains en friche qu'on pourrait avantageusement faire cultiver par ceux qui jusqu'à ce jour n'ont eu d'autre fonction sociale que de tendre la main en balbutiant une prière inintelligible. La charité particulière interviendrait sans aucun doute pour la réalisation d'une œuvre semblable; elle est généreuse à Naples, où elle a déjà fondé deux établissemens privés pour les enfans abandonnés. Les hôpitaux auraient besoin d'être spécialement surveillés, car les abus y subsistent encore que les gouvernemens passés y avaient laissés naître. Le roi y a fait une visite inopinée pendant son dernier séjour à Naples, et cette visite a déjà eu d'excellens résultats.

La police n'a été malheureusement employée jusqu'ici à Naples qu'à un rôle politique. Il n'y existe rien qui ressemble à nos *sergens de ville* ou aux *policemen* de Londres; je ne sais même pas si l'on y trouverait un service de sûreté fonctionnant régulièrement. Il serait vivement à désirer qu'on créât un corps d'agens municipaux spécialement destinés à faire exécuter les arrêtés de police et à s'emparer des malfaiteurs. Quoi qu'on ait pu dire, ces derniers sont peu nombreux à Naples: il y a beaucoup de *filous* et peu de voleurs. Ici peut-être plus que partout ailleurs l'occasion fait le larron, et il est rare d'entendre parler de ces redoutables associations qui parfois ont alarmé Londres et Paris. L'assassinat est fréquent à Naples, cela est vrai; mais quatre-vingt-dix-neuf fois sur cent il a été inspiré par une passion, haine, amour, vengeance, opinion politique. On dénoncera un voleur, rarement un assassin. Une sorte de francmaçonnerie semble lier à ce sujet les *popolani* de Naples: on laisse échapper le meurtrier, on le protége, on le cache au besoin, et l'on dit de lui : « Pauvre homme, il a eu un malheur! » Lorsqu'au mois de novembre 1860 Gambardella, chef des marchands de poissons de Sainte-Lucie, homme très influent, fut assassiné à neuf heures du matin, en présence de plus de deux cents personnes qui toutes le connaissaient, l'assassin put s'enfuir et ne fut point retrouvé, car nul ne voulut jamais révéler son nom.

Cependant il existe à Naples une association dangereuse qui agit publiquement, quoiqu'elle soit pour ainsi dire constituée en société secrète, et qu'on aurait sans nul doute détruite depuis longtemps, si elle ne s'adressait spécialement aux basses classes de la population : je veux parler de la *camorra*. *Camorra* est un mot espagnol qui signifie dispute, querelle, ce qui tendrait à faire remonter l'origine de l'association à l'époque de l'occupation espagnole. C'est une franc-maçonnerie plébéienne très réelle, dont le but unique est d'exercer le droit du plus fort: le principe est de vivre aux dépens d'autrui, le moyen d'action est la terreur. L'association embrasse toutes les provinces napolitaines, où elle a des *rentes* dans chaque grande ville; elle correspond avec le centre, qui est Naples, divisée elle-même en douze *loges* correspondant aux douze quartiers de la cité. Chaque loge est dirigée par un chef qui a pleins pouvoirs, auquel on obéit sans murmure, et qui a droit de vie et de mort sur les associés. Le *camorrista* n'exerce aucun métier; il est habile à manier le bâton et le couteau, il est doué de courage, et vit grassement de l'impôt qu'il prélève sur les pauvres gens, cochers, petits marchands, cabaretiers, pêcheurs, domestiques de place. Bien souvent les touristes ont dû remarquer, lorsqu'ils montaient en voiture, qu'un homme s'approchait du cocher et en recevait quelques pièces de billon; c'était un camorriste qui exigeait son tribut ordinaire : tant pour une course dans la ville, tant pour une promenade à la campagne. Il arrive souvent qu'un camorriste s'approche d'un étranger déjà assis dans la calèche, et lui demande où il va et quel prix il a fait avec son cocher; cette sorte d'enquête sert à établir ce qu'on pourrait appeler la cote de l'imposition. Dans les cafés de bas étage, où les gens du peuple se réunissent pour jouer à la *scopa*, leur jeu favori, un camorriste surveille la partie, examine les cartes, juge des coups douteux, et reçoit un *grain* du gagnant. Le matin, les camorristes de chaque quartier font leur tournée à l'heure du marché, et prélèvent tant sur les légumes, tant sur les huîtres, sur le foin, sur les fruits, sur la viande. Jamais ils ne rencontrent de récalcitrans, et c'est à qui s'exécutera de bonne grâce. L'association existait dans l'ancienne armée napolitaine; elle existe aussi dans les bagnes, dans les prisons, dans les hôpitaux. Cette étrange compagnie a sa hiérarchie; on parvient de degrés en degrés jusqu'au rang de chef supérieur, qui est le plus élevé et le plus envié. On commence par être aspirant, *picciotto* (conscrit); c'est le premier grade de l'initiation, et pour l'obtenir il faut prouver d'une façon irrécusable qu'on n'appartient ni à la police, ni à la marine, ni à la gendarmerie, qu'on n'est ni voleur, ni espion, et qu'on n'a dans sa famille aucune femme se livrant à la prostitution. Quand une fille publique est assassinée, il est presque certain qu'elle a été tuée par un de ses parens, camorriste qui, ne voulant pas être renvoyé de l'association, n'a point hésité à commettre un meurtre. A moins qu'une action d'éclat ne fasse franchir plusieurs degrés d'un seul coup, on doit rester un an *picciotto*; on arrive ensuite au grade de *picciotto di sgarro*, qu'on pourrait nommer aspirant de première classe. On n'obtient pas d'emblée cet avancement : pour le mériter, il faut avoir joué du couteau par ordre de l'association, il faut avoir eu un duel (duel au couteau, bien entendu) avec un camarade, ou s'être bénévolement chargé d'un crime commis par un camorriste et en supporter toutes les conséquences jusqu'au bagne inclusivement. Des épreuves nouvelles et de nouveaux sermens sont exigés pour s'élever jusqu'au rang de camorriste de premier ordre. Chaque groupe exploitant un quartier a non-seulement un chef, mais une sorte d'agent comptable (*cantarulo*), qui chaque dimanche distribue aux *camorristi* purs le produit (*barattolo*) des taxes perçues pendant la semaine; les camorristes seuls ont droit à une part égale et régulière: la paie des *picciotti* est laissée à la bonne volonté des membres de l'association. Le *cantarulo*, en dehors de ses fonctions de comptable, règle les différends qui peuvent survenir entre les associés, assiste en juge du camp à leurs duels, où les coups ne doivent jamais être portés que dans la poitrine, et indique les opérations de contrebande qu'il croit devoir être fructueuses, car, avant l'application du nouveau tarif des douanes, la *camorra* se chargeait volontiers de faire entrer frauduleusement les marchandises prohibées. Je dois dire qu'il n'y a pas d'exemple qu'un ballot ait été détourné par ces singuliers colporteurs. Les punitions sont sévères; la plus douce est la bastonnade, puis vient la suspension, qui peut durer plusieurs mois, pendant lesquels le camorriste interdit continue à remplir ses devoirs, mais n'a plus aucun droit au partage; enfin, comme dans les sociétés régulières, la peine la plus grave est la mort : le condamné est exécuté au couteau par ses associés. Si un coupable cherche à s'enfuir et gagne le large, son signalement est immédiatement expédié à toutes les loges de province, qui sont par délégation chargées d'exécuter la sentence. Lorsqu'un camorriste maladroit s'est laissé happer par la police pour quelques méfaits particuliers, il perd tout droit à sa part du *barattolo*, mais alors il ne doit rien à l'association; il garde pour lui seul le tribut qu'il lève sur les prisonniers et l'impôt que ses contribuables ordinaires ne manquent jamais de lui apporter régulièrement, quoiqu'il soit sous les verrous.

Les camorristes font profession de n'avoir aucune opinion politique (c'est peut-être là qu'il faut chercher le secret de leur existence toujours tolérée), et, quelles que soient les révolutions qui agitent le peuple autour d'eux, ils n'en vivent pas moins à ses dépens. Ils connaissent le proverbe grec : « Que le vent souffle du nord ou du midi, il y a toujours des moutons à tondre. » Lorsque Garibaldi fut entré à Naples, il voulut disloquer la *camorra* d'un seul coup et utiliser en même temps l'énergie des camorristes et l'ascendant qu'ils exercent autour d'eux. Il les envoya dans les chiourmes, dans les prisons, pour servir de gardiens; mais une fonction régulière ne pouvait leur convenir : ils s'ennuyèrent vite de ce repos, qui du reste leur était moins profitable que leur agitation passée, et tous, sans exception, ils reprirent la clé des champs et la vie d'aventures qu'ils avaient menée jusqu'alors. Aujourd'hui la *camorra*, aussi forte, aussi bien organisée qu'autrefois, continue à rançonner la population napolitaine, et inspire assez de crainte pour qu'on n'ait point encore osé porter la main sur elle. C'est encore là une des plaies particulières à Naples, et il serait possible, sinon facile, de la guérir. Lorsque les graves préoccupations qui absorbent actuellement toutes les pensées et toutes les heures du gouvernement de Turin auront cessé, une forte organisation sera donnée aux provinces napolitaines, et il n'est point douteux alors qu'on n'entreprenne par les moyens légaux la destruction de cette association dangereuse et préjudiciable au petit commerce. Le magistrat ou l'officier public qui se chargera de cette tâche pourra courir quelques dangers, mais il sera certain d'être approuvé par tous les honnêtes gens et d'avoir l'appui de la garde nationale de Naples, qui, par son dévouement, sa conduite irréprochable, est une des plus grandes forces morales qu'on puisse invoquer. Peut-être même aurait-on déjà essayé de remédier à cet abus et à bien d'autres, s'il y avait un accord plus parfait entre les hommes de Turin et ceux de Naples. Les ordres, les conseils, les propositions envoyés par le cabinet du roi d'Italie sont trop souvent discutés par les magistrats municipaux de Naples, et parfois les meilleures mesures sont ajournées. Ce n'est pas que la sympathie fasse défaut entre les Piémontais et les Napolitains, mais la différence des caractères est telle qu'elle amène souvent des malentendus regrettables. Il n'est pas de peuple plus honnête que les Piémontais; ils sont braves et fermes jusqu'à l'entêtement, et quelquefois même ils affectent une certaine raideur (1). Le Napolitain au contraire est la pétulance même, on n'est pas plus spirituel, plus moqueur, plus rapide à voir le côté faible des choses; le Napolitain est avocassier, discuteur, il est par malheur hésitant, s'accommode assez du provisoire, craignant d'avoir à regretter le définitif, et remet de jour en jour à prendre une décision. Le Piémontais est l'homme de la réflexion, le Napolitain celui de l'imprévu. Il n'est point surprenant qu'avec de si profondes divergences dans les caractères on n'ait pas toujours marché d'ensemble vers le but qu'on se proposait d'atteindre, et cependant il faut dire que Naples n'a point demandé une amélioration sérieuse sans qu'aussitôt le cabinet de Turin se soit empressé de l'accorder : les réformes accomplies dans l'instruction publique vont prouver ce que j'avance.

III.

Le gouvernement de Victor-Emmanuel, à son avénement, trouva l'instruction publique dans un état déplorable, et il eût été plus facile peut-être de la créer que de la réformer. « L'instruction a pénétré à Rome et dans l'Italie méridionale depuis 1815. A cette date, le gouvernement autrichien a persuadé à la cour de Rome que les idées révolutionnaires et le progrès sont choses inséparables, et il a proposé l'ignorance comme correctif (2). » Ce qui est vrai pour Rome le fut pour Naples et ses provinces; l'ignorance devint un dogme et l'instruction un crime. Tout homme qui fut convaincu de posséder une bibliothèque (et Dieu sait quelles restrictions on apportait à la publication et à l'introduction des livres dans l'ancien royaume des Deux-Siciles!) fut signalé à la surveillance de la police et rangé dans la catégorie des *attendibili* (suspects). Le clergé était seul maître absolu en matière d'instruction (3). Un instant on put croire que, comprenant enfin que l'instruction est un des besoins les plus impérieux de l'esprit humain, le gouvernement allait changer de système; par un rescrit du 10 février 1843, il ordonna la création de

---

(1) « Ils sont *pédans*, » disent d'eux les autres Italiens. Ce mot, dans une telle acception, n'a guère d'équivalent en français.

(2) Dépêche de sir John Hudson.

(3) La surveillance de police exercée sur les élèves était si sévère qu'il leur était ordonné d'être rentrés chez eux à neuf heures du soir; les élèves ne suivaient pas les cours, car les professeurs se dispensaient de les faire. Le local de l'université était une vaste maison vide; on n'en obtenait pas moins à prix d'argent ou par protection le diplôme dont on avait besoin pour exercer la carrière dont on n'avait pas fait l'apprentissage.

trois universités auxiliaires de celle de Naples: c'était dans les provinces des Abruzzes, de Pouille et des Calabres qu'on devait les établir. Aucune université nouvelle cependant ne fut créée; mais on s'appuya sur le rescrit pour retenir les étudiants dans leurs provinces et pour les éloigner absolument de Naples, où l'on craignait de les réunir, car si l'ignorance rassurait cet étrange gouvernement, la jeunesse lui faisait peur. Un seul fait, qui a l'irrécusable éloquence des chiffres, prouvera ce que valait l'instruction napolitaine sous la dynastie des Bourbons: l'instruction publique, pour tout le royaume des Deux-Siciles (10 millions d'habitans), était portée au budget pour la somme de 1,500,000 francs, somme énorme et exagérée cependant, si l'on songe aux résultats presque négatifs ainsi obtenus: aujourd'hui, sous le gouvernement de Victor-Emmanuel, qui n'a encore pris que des mesures provisoires, l'instruction publique coûte déjà plus de 10 millions de francs pour les seules provinces méridionales. Sans être retirée des mains du clergé, l'instruction a été déclarée libre; tout particulier remplissant les conditions de moralité naturellement exigées peut ouvrir une école. On s'est hâté d'établir des écoles primaires, des écoles normales pour les deux sexes: on a fait appel aux communes pour les engager à faire distribuer l'instruction aux enfans, en attendant que le parlement italien vote la loi d'instruction obligatoire, loi indispensable dans un état libre, corollaire obligé du suffrage universel, loi complémentaire sans laquelle ce dernier n'est bien souvent qu'un droit et une puissance dérisoires. Solennellement, le 23 novembre 1861, on a rouvert l'université de Naples, dont un rescrit royal de 1849 avait éloigné le plus grand nombre des élèves; dès le second jour, le chiffre des inscriptions d'étudiants s'élevait à plus de dix mille. L'enseignement y est libre et très attentivement suivi: les étudiants n'entendent pas raillerie au sujet des négligences dont leurs maîtres peuvent se rendre coupables. Quelques professeurs, se souvenant trop du passé, ne firent pas leurs cours avec toute la régularité qu'on aurait pu désirer: il y eut une véritable émeute. Les étudiants sont d'une assiduité touchante: on dirait que ces jeunes gens, si longtemps tenus dans une obscurité systématique, poussent tous le cri de Goethe mourant: « De la lumière! de la lumière! encore plus de lumière! » Dans cette université de Naples, qui était autrefois despotiquement dirigée par les prêtres, on professe à cette heure la philosophie hégélienne: or chacun sait que Strauss, l'auteur de la *Vie de Jésus*, est disciple d'Hegel.

Loin de regimber contre des mesures qu'au premier abord il aurait pu trouver extraordinaires, le peuple de Naples est venu en aide au gouvernement. Comprenant qu'on ne pouvait raisonnablement exiger du cabinet de Turin qu'il créât d'un seul coup un système administratif complet d'instruction générale. voyant qu'avec sagesse on avait couru tout de suite au plus pressé, c'est-à-dire aux enfans, et qu'on n'avait pas encore eu le loisir de s'occuper des adultes, il a fondé pour lui-même et par lui-même des écoles d'enseignement mutuel où il va apprendre à lire et à écrire le soir, quand il a terminé ses travaux de la journée. On me l'avait dit, je ne l'avais pas cru : malgré moi, je me reportais aux époques de la dynastie des Bourbons; je me rappelais ce peuple indolent, qui ne demandait rien que le pain quotidien et un peu d'ombre pour dormir. Je ne pouvais me figurer que dix-huit mois de liberté eussent ainsi modifié ses instincts. J'avoue avec joie que je m'étais trompé. Dans les quartiers pauvres de Naples, vers Sainte-Lucie et *Piedigrotta*, j'ai vu dans de grandes chambres deux ou trois cents *popolani* en guenilles, pieds nus, réunis et attentifs autour de l'un d'eux qui leur apprenait à lire et disait : « Croix de Jésus : *a, b, c, d.* » Il n'existe encore que deux ou trois de ces écoles; c'est peu, me dira-t-on. C'est énorme, si l'on songe à ce qu'était ce peuple il n'y a que deux ans, si l'on pense qu'il est absolument libre de rester ignorant, et que c'est par le fait de sa seule volonté qu'il cherche à s'instruire. Si rien ne vient mettre obstacle à ce beau mouvement de régénération, avant cinq ans tous les enfans de Naples iront à l'école, et nul n'osera plus échapper à l'instruction élémentaire. Si à ces écoles on peut ajouter le système de *lectures* si admirablement pratiqué en Angleterre, l'intelligence naturelle des Napolitains aidant, on arrivera à des résultats extraordinaires, et l'on amènera incontestablement la fin de bien des crimes et de bien des superstitions.

L'ignorance et la superstition vont de pair, s'aidant mutuellement comme l'aveugle et le paralytique, et se fortifiant l'une par l'autre: quand la première sera éteinte, la seconde n'aura plus longtemps à vivre. Cependant dès aujourd'hui il faut combattre cette dernière, mais la combattre par la parole, par le raisonnement, par la douceur. On ne doit pas trop en vouloir à ce peuple de vivre encore sous l'empire de superstitions qui, chez nous, feraient rire des enfans de cinq ans, car sous beaucoup de rapports il n'est lui-même qu'un grand enfant; il a été si longtemps dirigé par un système politique qui croyait avoir intérêt à lui conserver toutes ses erreurs, qu'il n'est pas surprenant de le voir encore profondément imbu d'idées qu'il répudiera peu à peu. De plus, la superstition peut être considérée chez lui comme une de ces maladies héréditaires qui se transmettent fatalement de génération en génération. Le paganisme lui a légué toutes ses habitudes, que le catholicisme a exploitées à son profit en se les appropriant: il suffit d'avoir vu les images protectrices placées dans les maisons, et devant lesquelles brûle une lampe perpétuelle, pour comprendre que c'est là une réminiscence des dieux lares. La croyance à la *jettatura* est une tradition antique (1); il en est de même de l'idée du patron, du saint particulier de chaque ville et de chaque village substituée à l'idée générale de Dieu, qui n'existe réellement pas dans les provinces napolitaines: on prie saint Janvier ou saint Antoine, on leur fait des vœux, mais jamais la pensée de prier Dieu seul, Dieu abstrait, pour ainsi dire, ne viendra à un Napolitain. Le peuple entier est comme imprégné de croyances puériles, qui lui sont transmises de père en fils, et qui semblent inhérentes au pays qu'il habite. J'ai vu cette année même, le 9 juin, au village de Ponogliano d'Arco, à quelques lieues de Naples, dans une église si remplie d'*ex-voto* que les murs en disparaissent, des hommes et des femmes se traîner devant une prétendue image miraculeuse de la Vierge, en léchant le pavé avec leur langue; le miracle de saint Janvier est universellement connu, et s'accomplit régulièrement deux fois par an: l'adoration que ce saint inspire aux habitans de Naples est telle que le gouvernement italien même le respecte et le ménage comme une puissance politique.

Il est élémentaire d'admettre que la question de dogme et la question de culte doivent s'effacer devant la question de morale: mais ici c'est tout le contraire qui a lieu. La question de morale n'est rien, à proprement parler, elle n'existe pas: la question de dogme, résolue *à priori*, n'est jamais agitée; tout est réservé pour la question de culte, question fort importante, puisque c'est d'elle que découlent les donations, les offrandes, les fondations, en un mot la richesse de l'église. Aussi on a toujours porté dans l'entretien du culte un soin particulier, et l'Italie méridionale est le pays des processions, des neuvaines, des promenades de saints, des expositions de reliques. Le clergé, qui sent instinctivement que le nouvel ordre de choses amènera forcément des modifications importantes qui ne pourront que diminuer l'influence excessive des prêtres, n'est naturellement pas porté d'amour vers le roi Victor-Emmanuel. Cependant il a été longtemps avant de prendre un parti définitif; il a hésité, il est resté en expectative, très indifférent à la chute des Bourbons, se souciant au fond assez peu de la question romaine, et attendant, sans remuer, l'occasion de faire alliance avec le gouvernement constitutionnel, si ce dernier lui offrait des avantages, ou de le combattre, s'il devait l'amoindrir. Le décret signé à Turin le

(1) Les voyageurs qui ont remarqué l'étrange appendice de cuivre qui surmonte le collier des chevaux de charrettes y ont reconnu sans doute un souvenir affaibli et légèrement modifié des images obscènes qui, dans les temps anciens, passaient pour protéger contre le *mauvais œil*.

13 octobre 1861, décret qui supprime les ordres monastiques, les abbayes, les bénéfices, a décidé la question. Tant qu'on n'avait touché qu'au spirituel, le clergé n'avait rien dit; mais dès qu'on toucha au temporel par l'abolition des couvens, il s'indigna et déclara franchement la guerre au roi Victor-Emmanuel. Les prêtres des Deux-Siciles devinrent les « innocens, » et le roi d'Italie fut « Hérode. » Quelle que soit cependant la mauvaise humeur du clergé en présence de ce qu'il appelle une spoliation, je ne crois pas cette mauvaise humeur très redoutable : j'ai pu me convaincre, pendant mon récent séjour à Naples, que les mœurs cléricales étaient singulièrement modifiées : autrefois elles étaient pour ainsi dire agressives, elles sont devenues aujourd'hui fort douces, et semblent empreintes d'une certaine timidité. Jadis les moines quêteurs sillonnaient la ville et réclamaient souvent l'aumône avec quelque insolence: maintenant ils deviennent de plus en plus rares, et paraissent s'éloigner intentionnellement de Naples pour aller mendier dans les villages voisins. On en rencontre encore, cela n'est point douteux; mais leur attitude n'est plus la même : elle est à la fois plus réservée et plus digne.

De ce que le clergé est généralement hostile au roi Victor-Emmanuel, si l'on concluait qu'il est exclusivement attaché au système tombé, on commettrait une grave erreur. Le clergé peut aujourd'hui, dans les provinces napolitaines, se diviser en deux catégories très distinctes, les rétrogrades et les libéraux. Les premiers sont plus royalistes que le roi : ils se tournent sans cesse vers Rome, d'où ils attendent et reçoivent le mot d'ordre; ils ferment leurs églises le jour où l'on célèbre la fête nationale de l'Italie, la fête du statut; ils entravent par tous les moyens imaginables la marche régulière du gouvernement; ils passent pour avoir eu de fréquentes et coupables accointances avec le brigandage et semblent désirer une conflagration qui ramènerait sur le trône des Deux-Siciles le roi légitime par la grâce de Dieu, et par conséquent livré à leur influence. Les seconds au contraire, faisant presque tous partie du bas clergé, en haine de leurs supérieurs, las de leur servitude, se sont jetés dans le parti extrême et invoquent un libérateur. Ils rêvent un retour vers l'église primitive; ils voudraient une réforme dans la discipline, dans la morale même; ils n'osent encore toucher au dogme; ils tournent de loin autour du protestantisme, qui les attire et leur fait peur en même temps; ils savent bien ce qu'ils ne veulent pas et ne sauraient dire ce qu'ils veulent; ils passent par où Luther a passé avant la journée de Worms. Ils se sentent involontairement emportés par un souffle de liberté, et voudraient en profiter pour eux-mêmes et surtout pour échapper au Vatican. Ils ont formé entre eux plusieurs associations : celle qui est dirigée par le prêtre Zaccaro est importante et compte plus de quatre mille adhérens; mais, je le répète, il est très difficile de dégager dès à présent l'inconnu du but qu'ils poursuivent, car ils l'ignorent eux-mêmes; ce qu'il y a de certain, c'est qu'ils ne veulent plus être ce qu'ils ont été; ce n'est pas encore un schisme, c'en est peut-être le commencement. Tous ces prêtres inquiets et troublés, ne définissant pas même leur propre volonté entre les traditions du passé et leurs aspirations nouvelles, correspondent entre eux, se recherchent pour s'éclairer, travaillent pour apprendre, et n'arrivent le plus souvent qu'à rendre plus poignans les doutes qui les tourmentent. L'esprit de Campanella, leur compatriote, semble les agiter. J'en sais plusieurs qui se sont réunis pour lire en commun les œuvres de Fourier, de Saint-Simon, d'Enfantin et de Proudhon. C'est là un grave symptôme, et qui prouve du moins une foi ébranlée et un profond malaise dans les esprits. Ils jouissent actuellement d'une liberté disciplinaire assez grande, car quarante-cinq évêques sont, à l'heure qu'il est, hors de leurs diocèses. Existe-t-il quelque part une sorte de comité directeur, pris dans le clergé même, et qui pousse à l'approfondissement de certaines questions afin de préparer lentement le schisme qui doit séparer l'Italie de la papauté? Je le croirais volontiers. En réponse à la lettre que les évêques ont récemment adressée au pape après les cérémonies de la canonisation des saints japonais, *huit mille cinq cents prêtres italiens* ont signé un manifeste qui demande l'abolition du pouvoir temporel!

Ce double courant, qui entraîne et divise le clergé des provinces méridionales, l'a empêché de nuire efficacement au gouvernement du roi Victor-Emmanuel: s'il s'était réuni dans la même pensée d'opposition, s'il avait poursuivi un but identique, il eût facilement pu, à l'aide des moyens dont il dispose, susciter au ministère des obstacles très sérieux, surtout en ce qui touche à la levée de l'impôt et à la conscription; mais les deux opinions extrêmes généralement professées par les prêtres ont laissé intacte l'opinion moyenne, qui est l'opinion unitaire, et le gouvernement a recueilli sans peine les impôts augmentés, qui sont payés sans murmures. Quant à la conscription, je suis obligé d'entrer dans quelques détails rétrospectifs pour prouver à quel point les populations napolitaines se prêtent avec intelligence aux lois nouvelles. Sous le gouvernement des Bourbons, la levée en moyenne était de vingt-quatre mille hommes; ses opérations duraient un an, et jamais, même dans les époques les plus calmes, elle ne fournissait plus de quatorze mille hommes: chaque levée, pour ainsi dire, se soldait par un déficit de dix mille hommes qui évitaient le service militaire, soit par la fuite, soit à l'aide de ces moyens de corruption si fort en usage sous l'administration bourbonienne. Le gouvernement du roi d'Italie hésita longtemps à décréter la levée; les prédictions les plus sinistres ne lui étaient pas épargnées. « Faire la levée en ce moment, disait-on de toutes parts, c'est vouloir donner une armée au brigandage. » Le ministère tint bon et fit bien : il décréta, au mois de décembre 1861, une levée de trente-six mille hommes, par voie de sort, dans les provinces de l'ancien royaume des Deux-Siciles; or au mois de juin 1862 vingt-huit mille conscrits avaient déjà répondu à l'appel sans avoir besoin, comme autrefois, d'être stimulés par une gendarmerie active. C'est là un fait qui parle haut. De plus, il faut faire remarquer avec soin que les provinces ordinairement éprouvées par le brigandage, la Capitanate, la Basilicate, non-seulement n'ont pas eu un *seul* réfractaire, mais encore ont fourni un nombre assez important d'engagés volontaires. Une seule province a été récalcitrante, c'est la province même de Naples, car il y avait là une corruption administrative traditionnelle que la proximité de la capitale favorisait; et puis les menées réactionnaires sont plus remuantes autour et dans le sein d'une grande ville, où l'on déroute facilement la police, que dans les campagnes. Puisque je parle de l'armée, je prouverai par un seul fait combien sont mensongers les bruits qui tendent à faire croire que l'ancien royaume des Deux-Siciles, loin de s'être librement donné au gouvernement constitutionnel du roi Victor-Emmanuel, subit avec peine sa domination. Les derniers Bourbons avaient une armée de plus de cent mille hommes, à l'aide desquels ils maintenaient assez malaisément la tranquillité dans leur royaume; la garnison spéciale de Naples était de douze mille à quatorze mille hommes, sans compter les Suisses. Chacun sait que trois forteresses, — le Château-Neuf, le Château-de-l'OEuf, le fort Saint-Elme, dominant et commandant la ville, — étaient toujours prêtes à réprimer le plus léger mouvement insurrectionnel. Aujourd'hui, sous le gouvernement nouveau et malgré l'augmentation d'effectif qu'a nécessitée le brigandage, les troupes répandues dans *tout* l'ancien royaume ne s'élèvent pas à plus de soixante mille hommes, y compris les carabiniers (la gendarmerie). La garnison de Naples se compose de huit mille hommes, parmi lesquels il faut compter trois mille Napolitains de l'ancienne armée bourbonienne, appartenant presque exclusivement aux corps de l'artillerie et de la cavalerie. En outre on démolit actuellement le Château-Neuf, c'est-à-dire la forteresse qui pouvait, par sa force et sa position, réduire la ville en quelques heures.

Si le clergé n'a point cherché à user de son influence pour neutraliser la perception des impôts et pour paralyser les opérations de la conscription, il n'a point été aussi calme en présence de la liberté des cultes. Dès qu'il a vu les protestans, profitant de la tolérance nouvelle, se réunir entre eux, il s'est inquiété, et est allé demander à l'autorité de mettre un terme à de tels scandales. L'autorité a montré la loi, qui est positive, et tout a été dit. Les protestans, malgré leur petit nombre primitif, malgré les moyens plus que restreints dont ils disposent, se sont mis courageusement à l'œuvre, dès qu'ils se sont sentis libres, avec plus de résolution que d'espoir: car s'il était naturel de prévoir que Florence, la vieille ennemie de Rome, sa rivale perpétuelle, qui se faisait volontiers gibeline en haine des guelfes, accepterait promptement les prédications de l'église réformée et s'ouvrirait pour recevoir les vaudois du Piémont, on pouvait croire que Naples, païenne, iconolâtre, superstitieuse, habituée à subir les jougs sans les raisonner, se révolterait contre la doctrine un peu aride du protestantisme. C'était une erreur. Le dogme du libre examen séduisit dès l'abord les Napolitains, qui sont de leur nature portés aux discussions et aux contemplations philosophiques. C'est toujours le pays de Vico. Sous le gouvernement des Bourbons, le protestantisme était sévèrement interdit dans les états des Deux-Siciles. Les étrangers appartenant à la confession d'Augsbourg ne purent jamais obtenir l'autorisation de faire élever un temple, même à leurs frais, et ils étaient réduits à aller entendre la parole des pasteurs dans les chapelles particulières des légations de Prusse et d'Angleterre. La possession ou l'introduction d'une bible protestante était punie des *galères à perpétuité*. Si un Napolitain, poussé par la curiosité, assistait au culte fait chaque dimanche dans les légations dont je viens de parler, il était administrativement mis en prison pour un temps indéterminé. Ainsi repoussée brutalement par l'ancien gouvernement, la propagande protestante n'existait pas à Naples, et le protestantisme n'était et n'est encore représenté que par un seul pasteur, M. Roller, homme intelligent, Français de naissance, et animé de cet esprit de bonne volonté qui ne compte pas les obstacles et n'envisage que le bien à faire. Dès qu'il fut libre dans l'exercice de sa foi, M. Roller voulut établir à Naples la propagande protestante sur une base sérieuse, et, aidé de quelques hommes convaincus comme lui, il commença courageusement son œuvre, œuvre très importante, car elle peut fonder la liberté morale dans ce pays qui vient de recevoir la liberté politique. La première préoccupation de ces nouveaux apôtres fut d'imaginer un culte qui ne brisât pas du premier coup les habitudes catholiques des Napolitains, et qui laissât du moins subsister quelques images devant des yeux accoutumés aux représentations figurées de toute sorte. Il n'en fut pas besoin : en vertu des lois fatales de l'action et de la réaction, tous les Napolitains qui allèrent écouter la parole évangélique, et qui en furent touchés, se jetant dans l'excès contraire à celui qu'ils avaient professé, furent iconoclastes, et iconoclastes à ce point que plusieurs refusèrent de recevoir la cène dans la légation d'Angleterre parce qu'un christ en bois, pendu à la muraille, y décorait la chapelle.

Des écoles pour les enfans ont été ouvertes, et plus de trois cents élèves les fréquentent. — Vous savez qui nous sommes, et que nous sommes excommuniés? disaient les maîtres. — Oui, répondaient les parens; nous savons que votre religion n'est pas la nôtre; mais nous savons que vous ne nous voulez que du bien, et nous vous amenons nos enfans. — Des réunions pour les adultes ont lieu trois fois par semaine le soir. Plus de deux cents hommes, presque tous du peuple, y assistent. La discussion y est absolument libre, et chacun dit à son tour ce qu'il croit avoir à dire. La chambre est simple, éclairée d'une ou deux lampes; les murs, nus, récrépis à la chaux, contrastent étrangement avec les décorations qui ornent les églises napolitaines; mais cela n'est même pas remarqué par les nouveaux adeptes : la parole du pasteur les captive, la discussion les anime, et chaque jour les assistans deviennent plus nombreux. Ces conférences sont extrêmement curieuses, non-seulement à cause du personnel qui les compose, des questions qu'on y agite, mais à cause de l'esprit vraiment extraordinaire qu'y déploient de simples *popolani*. On parlait du culte extérieur, des pompes catholiques, de la simplicité protestante, on argumentait pour et contre. Un homme se lève, et dans son patois napolitain il dit à peu près ceci : « Je suis cuisinier. Lorsque mon maître me commande un pâté, il me dit de le faire de forme ronde ou carrée. Je me mets à l'œuvre, je fais le pâté absolument comme le désire mon maître, puis je le lui sers. Que fait-il? Il le coupe, détruit immédiatement la forme, et va sous l'enveloppe chercher la nourriture que j'y ai enfermée. Il en est de même du culte extérieur; il n'est que l'enveloppe des préceptes, il est la matière qui cache l'esprit. Si les préceptes sont assez forts pour nous suffire, qu'avons-nous besoin du culte, de ses cérémonies et de son éclat. Une bonne action vaut mieux qu'une procession, une aumône est supérieure à la messe. » Avec de tels hommes, et ils sont bien plus nombreux à Naples qu'on ne pourrait le croire, le protestantisme ira vite. De leur côté, les provinces réclament des missionnaires protestans; les Calabres surtout montrent une ardeur singulière. Deux prêtres convertis à l'Évangile, MM. Vicenzo Calfa et Gianbattista Gioja, sont partis pour Florence, afin d'étudier pendant un an à la faculté de théologie que viennent d'y fonder les vaudois. Bien d'autres prêtres calabrais, prêtres à demi schismatiques et tirant vers l'église grecque, persécutés assez vivement sous les Bourbons malgré les bulles pontificales qui leur accordaient certaines immunités analogues à celles que la cour de Rome concède à l'église catholique d'Orient, embrasseraient immédiatement le protestantisme, si leur pauvreté ne les retenait sur la pente de la conversion, car ils n'ont guère d'autres moyens d'existence que le bénéfice qu'ils retirent de la messe.

Ce mouvement protestant a consterné la partie exagérée (nous dirions ultramontaine) du clergé napolitain, qui a inutilement fatigué l'autorité de ses doléances. Les protestans ont offert alors aux prêtres catholiques des discussions publiques ou privées, à leur choix, où les questions de dogme seraient agitées. Nul ne répondit à cet appel. Eh! qui aurait pu y répondre? Le clergé napolitain a vécu dans une telle sécurité, il voyait l'autorité intervenir avec un si grand empressement dans tout ce qui touchait aux choses de la conscience, qu'il s'est endormi dans son repos, dans sa paresse, dans sa quiétude, c'est-à-dire dans une ignorance radicale, et que, loin de pouvoir lutter dans une discussion dogmatique, il ne sait plus aujourd'hui que ce qui est strictement indispensable à l'exercice de son ministère. Il ressemble à ce patriarche grec de Bethléem à qui je demandais pourquoi sur l'iconostase de son église on avait représenté saint Jean-Baptiste avec des ailes, et qui me répondit que c'était pour indiquer que plus tard, à Pathmos, il serait transporté par l'esprit de Dieu et aurait la grande vision de l'Apocalypse. Le clergé napolitain est à peu près de cette force, et au besoin saurait confondre aussi saint Jean-Baptiste et saint Jean l'évangéliste.

Si les cultes sont libres à Naples, la presse n'y est pas moins libre, et c'est une grande nouveauté pour ce pays si longtemps courbé sous le joug de Ferdinand II, qui disait de bonne foi : « L'imprimerie est l'invention du diable! » De son temps un seul journal existait : *il Giornale officiale del regno delle Due Sicilie*. Pendant la guerre de Crimée, sous prétexte que la cour de Naples était neutre, il ne dit pas un mot des opérations des alliés devant Sébastopol : on peut juger, par ce seul fait, de quelle façon les questions politiques y étaient traitées. Dans les dernières années de son règne, Ferdinand autorisa la création de l'*Iride;* mais ce journal ayant dit qu'il fallait que l'Autriche se sentît bien affaiblie pour avoir accepté les stipulations du traité de Zurich, il fut immédiatement supprimé. Sans être nombreuse, la presse de Naples est assez importante, elle se fortifie tous les jours et tend à devenir un auxiliaire sérieux de la liberté parlementaire. En juin 1860, lorsque François II octroya la constitution qui aida si puissamment à l'accomplissement de l'œuvre de Garibaldi, car elle donnait une liberté relative sans réussir à faire naître une confiance que détruisaient naturellement les souvenirs du passé, une masse de journaux apparut de tous côtés; ce peuple si longtemps réduit au silence avait besoin de parler tout de suite et quand même. Ce qui subsiste de cet effort un peu désordonné constitue à cette heure la presse napolitaine. *Le Journal officiel* est devenu *le Journal de Naples,* il correspond à notre *Moniteur* et transcrit les actes du gouvernement. Un seul journal représente ce que nous appelons chez nous la presse officieuse ou semi-officielle, c'est la *Patria*, qui, après avoir eu quelques velléités d'indépendance, est devenue tout à fait conservatrice et ministérielle; c'est là que l'on va chercher les inspirations du gouvernement dans certains articles qui préparent l'opinion publique à accepter les actes déjà résolus en principe. Le journal le plus important de Naples, le mieux rédigé, est sans contredit le *Pungolo* (l'Aiguillon), sorte de *Times* napolitain dont le tirage s'élève à plus de 10,000 exemplaires, chiffre relativement très considérable; il est franchement attaché au régime actuel, mais garde une indépendance de bon aloi qui, sans jamais dégénérer en opposition, lui permet de donner souvent au gouvernement des avertissemens salutaires; c'est le journal qui représente le mieux, et dans ses différentes nuances, l'opinion des Napolitains éclairés. Puis viennent le *Nomade*, *l'Omnibus*, le *Paese*, dévoués au système parlementaire, approuvant la marche générale du cabinet de Turin, et ne faisant guère d'opposition que dans les questions locales où les provinces napolitaines sont directement intéressées. Ce que l'on nomme en Italie le parti de l'action est représenté dans la presse napolitaine par le *Popolo d'Italia*, organe qui montre quelque ardeur, et qui, dit-on, reçoit directement ses inspirations de Mazzini. J'avoue que je n'en crois rien : il semble être de mode maintenant de rendre Mazzini responsable de tout ce qui se fait d'exagéré dans la péninsule; je crois que ce n'est pas juste, et que c'est commettre une erreur que de considérer comme mazzinien tout homme qui n'appartient pas au parti de Victor-Emmanuel ou à celui de la dynastie déchue. Dans tout système gouvernemental, il y a des impatiens, et les écrivains du *Popolo d'Italia* n'ont jusqu'à présent montré que de l'impatience. La réaction profite aussi, selon son incontestable droit, de la liberté de la presse pour faire au régime nouveau une opposition très vive. Son principal journal, la *Settimana*, n'ayant été soutenu que par ses propres ressources, s'est bientôt vu forcé de disparaître; la *Stella del Sud*, *il Cattolico*, *il Difensore*, *il Veridico*, tous attachés au principe de la monarchie du droit divin, paraissent selon les besoins de la cause et un peu au hasard des subventions. Le clergé libéral a fondé la *Colonna di fuoco*, spécialement rédigée par des prêtres, journal qui subit dans les opinions qu'il émet les fluctuations qui troublent ses rédacteurs. A des doctrines que le libéralisme le plus ardent peut réclamer, il mêle des idées réactionnaires au premier chef; en somme, il cherche une réforme ecclésiastique et voudrait fonder une église nationale, purement italienne et absolument détachée de Rome. Outre ces journaux, qui sont les seuls dont il convient de s'occuper, il en paraît sans cesse de nouveaux qui vivent quelques jours et meurent vite d'inanition. Comme il n'existe pour la presse italienne aucune nécessité de timbre, de cautionnement, d'autorisation préalable, dès que quelqu'un croit avoir quelque chose à dire, il fonde un journal, écrit le premier numéro, le fait vendre le soir sur la voie publique, et le plus souvent s'en tient là.

En somme, autour du gouvernement de Victor-Emmanuel, il n'y a que deux partis, celui de la réaction et celui de l'action. Le parti de la réaction, c'est-à-dire le parti bourbonnien, est-il un parti sérieux et peut-il susciter au cabinet de Turin d'autres difficultés que celles du brigandage et des fausses nouvelles? Sans hésiter, on peut répondre non; l'on peut même affirmer, en toute sécurité de conscience, que ce parti redoute une restauration que les restaurations précédentes lui ont appris à craindre. Il est avant tout inconséquent avec lui-même; il affiche des regrets, mais ne sait pas où porter ses espérances: il critique les Piémontais, s'ingénie de mille façons à mettre leurs fautes ou plutôt leurs maladresses en lumière, mais il tremble à la seule idée que François II pourrait revenir, car il sait que son retour serait suivi de vengeances cruelles: 1815 et 1848 ont laissé d'ineffaçables souvenirs. De plus il sait que dans ses instructions à Borjès le général Clary, inspiré par le roi tombé, disait : « Il aura soin de ne pas admettre d'anciens officiers... Le général Borjès se verra entouré de généraux et d'officiers qui voudront servir, il les éloignera tous (1). » La défiance est réciproque, et François II ne veut pas plus de ses partisans que ses partisans ne veulent de lui. Que désire donc le parti de la réaction? Cela est assez difficile à définir. Il est présumable cependant qu'il se contenterait d'une délégation de royauté faite par Victor-Emmanuel au profit d'un viceroi qui, séjournant à Naples, rétablirait une cour où les membres de l'ancienne aristocratie, qui forment le noyau le plus sérieux de ce parti, pourraient reprendre de vieilles habitudes et reconquérir une importance que le régime nouveau leur a fait perdre, car il en est de l'aristocratie napolitaine, sauf d'honorables exceptions, comme de la plupart des aristocraties de l'Europe : à force de vivre sur elle-même, de tourner les yeux vers un passé que rien ne fera plus revivre, elle s'est isolée du mouvement des idées modernes.

(1) Instructions du général Clary au général Borjès, § 3 et § 8.

elle s'affaisse dans son propre engourdissement, et n'a plus, jusqu'à nouvel ordre, d'existence possible que dans la haute domesticité des charges de cour. Quant au parti de l'action, outre qu'il est assez peu nombreux, il ne reproche par le fait au gouvernement que ses prétendues lenteurs dans la double question de Rome et de Venise. En dehors de cette question, et sauf des cas très rares (1), il marche d'accord avec lui et s'unirait à lui d'une façon éclatante, si le parti de la réaction osait ou pouvait menacer directement l'existence de l'unité italienne et du régime parlementaire. Quant au muratisme, je n'en parle pas : c'est une plaisanterie dont personne ne s'occupe à Naples.

Le parti le plus fort, le plus compact, est en définitive celui qui a pris pour devise : « l'Italie une avec Victor-Emmanuel. » La seule condensation de ce parti suffit à annuler les deux autres. En effet, il l'emporte sur eux par le nombre et par l'intelligence. Pour se figurer avec quelle ferveur, avec quel enthousiasme ces hommes ont embrassé la cause de Victor-Emmanuel en comprenant qu'elle était la cause de l'Italie entière, de la patrie commune et de leur propre régénération, il faut savoir sous quel joug de fer et d'airain ils ont vécu du temps des Bourbons. Le 15 septembre 1861, M. de Rotrou, agent consulaire de France à Chieti, dans une lettre écrite sur le brigandage et adressée au consul-général de France à Naples, disait : « Ce qui se passe aujourd'hui est la conséquence obligée du système démoralisateur appliqué par Ferdinand II pendant les douze dernières années avec une persistance remarquable. Depuis 1848, il n'avait eu qu'une pensée, qu'un but : rendre le retour au régime constitutionnel impossible par l'asservissement complet de la classe moyenne; l'avilissement calculé de la bourgeoisie, la licence autorisée et encouragée de la basse classe, devaient priver la première de toute confiance, de toute force et ressource en elle-même..... Chacun était impitoyablement interné dans sa localité. C'est à grand'peine que de temps en temps on permettait aux citoyens les

---

(1) C'est un de ces cas de regrettable dissidence qui vient de se produire en Sicile. Nous croyons avoir montré cependant quels liens sérieux se sont formés entre la société napolitaine et le roi Victor-Emmanuel. Les derniers actes de Garibaldi peuvent imprimer une forte secousse aux esprits; mais la transformation morale qui s'accomplit dans les provinces méridionales est désormais en bonne voie, elle peut se poursuivre au milieu des plus graves agitations politiques. Il est même à présumer que Garibaldi ne trouverait pas à Naples de nombreux adhérens à la politique turbulente et dangereuse qu'il semble vouloir inaugurer; le peuple napolitain ne tarderait pas à comprendre que le mouvement suscité par l'ancien libérateur du royaume des Deux-Siciles est non-seulement intempestif, mais coupable, car il paralyse la marche régulière du gouvernement, et servira d'auxiliaire puissant aux menées de l'absolutisme, qui exploitera de telles folies à son avantage.

mieux notés de se rendre au chef-lieu de la province... La lecture du journal officiel avait fini par être interdite dans les cafés. On refusait aux pères de famille l'autorisation d'envoyer leurs fils dans les grands centres pour y terminer leur éducation. Les familles de chaque localité avaient fini par ne plus se voir pour ne pas exciter les soupçons d'une police toujours prête à s'alarmer. Les délits des bourgeois étaient punis comme des crimes, leur liberté était sans cesse menacée (1). »

En échange de cette tyrannie tracassière, tyrannie dont nous n'avons pas d'idée, car le clergé et la police s'étaient unis pour l'exercer sans contrôle, le régime constitutionnel du statut apportait la liberté de conscience, la liberté de la presse, la liberté commerciale, la liberté de l'instruction, et tous les bienfaits qui découlent naturellement d'un tel état de choses. Est-il surprenant que la masse éclairée de la nation se soit jetée au-devant du roi Victor-Emmanuel, et se soit fermement attachée au système qu'il représente et maintient avec une loyale énergie? Le contraire seul eût été un fait anormal et extraordinaire.

Est-ce à dire cependant que l'idée de réunir l'Italie entière sous le sceptre de Victor-Emmanuel soit une idée ancienne? Non pas, c'est une idée toute récente, mais tellement fortifiée déjà par l'expérience qu'on peut prédire à coup sûr qu'elle fera son chemin : cette idée est née de l'idée même de l'unité italienne, idée plus vieille que Dante, et qui, en 1847, avait cru trouver son chef et son représentant dans Pie IX. Tous les penseurs de l'Italie (et ils sont nombreux dans ce pays, où la pensée a acquis d'autant plus de force qu'elle était plus comprimée) avaient espéré que le pape mettrait à exécution le programme du *Primato* de Gioberti: c'est là ce qui causa, à cette époque, ce grand mouvement catholique italien, qui n'était en somme qu'un mouvement politique et l'explosion des aspirations de liberté qui couvaient dans toutes les âmes. Ces espérances, si fortement conçues en 1847, étaient évanouies en 1848, et furent persécutées dès 1849 : on s'aperçut, avec désespoir et rancune, qu'on ne pouvait concilier l'inconciliable, et que, par la seule logique des choses, Pie IX était et devait être pape avant d'être prince italien. Toute l'Italie qui s'était faite guelfe retomba dans un doute sans nom; à aucun prix, elle ne voulait redevenir gibeline. Ne voyant plus dans le pontife-roi et dans l'empereur d'Autriche que deux ennemis, elle se fit italienne et se résolut à être elle-même, en dépit de ces deux adversaires formidables qui la tenaient comme enserrée entre la double force de la religion et des armes. C'est alors que,

(1) Lettre citée par M. Marc Monnier dans son *Histoire du brigandage*.

voyant la liberté dont jouissait le Piémont sous la loi de son statut respecté, se souvenant de Charles-Albert, seul champion italien entré en lutte contre l'Autriche, glorifiant comme martyr de la patrie commune le vaincu de Novarre, l'Italie entière se mit à regarder du côté de Victor-Emmanuel, et se sentit tressaillir aux paroles d'espérance que M. de Cavour prononçait du haut de la tribune de Turin. La guerre de 1859 commença, et quoiqu'elle n'ait pas eu de prime abord tous les résultats auxquels on avait le droit de s'attendre, on put comprendre dès lors que l'unité était voulue, et que tôt ou tard elle se ferait. Aujourd'hui elle est en pleine voie de prospérité.

Le gouvernement de Turin n'en a pas moins une foule d'obstacles à combattre. La race des mécontens est nombreuse partout, et à Naples principalement. Quoique, pour les questions générales, ils fassent le plus souvent monter leurs murmures vers le Vatican, il faut bien dire que pour les questions spéciales et locales ils ne se gênent guère pour accuser le cabinet de Turin. La haute administration épurée a mis sur le pavé beaucoup d'employés qui regrettent, dans le régime passé, les émolumens qu'ils émargeaient : les employés subalternes, qu'on a presque tous conservés, sont surveillés avec soin ; on veut leur donner des habitudes de probité qu'ils n'avaient pas toujours autrefois et abolir à tout prix le honteux usage du « pourboire » (*bottiglia*), qui était devenu un abus dont les chefs mêmes de service se rendaient coupables. Les nombreux employés dont le traitement a été ainsi réduit remontent directement de l'effet à la cause et en veulent à l'administration piémontaise, qui, diminuant leurs bénéfices, a rendu leur vie plus difficile (1).

La substitution du code piémontais au code napolitain paraît n'avoir pas été, à première vue, une mesure heureuse. Les lois napolitaines importées par les rois Joseph et Murat, empruntées à notre code, améliorées par l'expérience, étaient excellentes, au dire même des jurisconsultes français ; sous les Bourbons, il ne leur manquait que d'être appliquées : elles sont supérieures à celles des autres codes de l'Italie : si elles sont moins douces que les lois de l'ancienne Toscane, elles sont incontestablement plus claires, plus intelligentes, plus

(1) Parmi les mécontens on peut, sans crainte de méprise, nommer les conservateurs du musée de Naples et les employés des postes. Autrefois, sous le gouvernement des Bourbons, — j'invoque le souvenir de tous les voyageurs, — les préposés des différentes salles du musée se faisaient volontiers les *ciceroni* des touristes à qui ne suffisait pas l'excellent catalogue de Quaranta ; ils leur montraient la *Psyché* de Capoue, leur expliquaient l'usage des *triclinia*, faisaient tourner devant eux les vases grecs trouvés en Sicile, et en échange de ces complaisances intéressées recevaient quelques carlins. Aujourd'hui, sous peine d'exclusion immédiate, il leur est interdit de recevoir la moindre gratification. À la poste, jadis on marchandait ses lettres, que l'employé tarifait à son gré et selon ses besoins du jour, et souvent on obtenait pour quelques *baiocci* la remise d'une lettre dont

humaines que les lois du Piémont. Il ne faut pas oublier que Naples est par excellence le pays des légistes: ils supportèrent avec peine l'intromission d'un code nouveau, qu'ils qualifiaient de barbare, et qui sous tous les rapports leur faisait regretter les anciennes lois, qu'ils comptaient bien pouvoir maintenant pratiquer en toute liberté. Ce fait serait grave sans aucun doute, s'il était définitif; mais il n'est et ne peut être qu'essentiellement provisoire. En effet, le premier devoir du gouvernement italien doit être de faire le code italien en se servant de toutes les lois qui existaient avant 1859, en consultant les lois des autres pays, et de composer ainsi un recueil de jurisprudence auquel pourront profiter les lumières et l'expérience de toutes les nations civilisées. Ce grand travail, digne d'occuper les plus nobles esprits, serait déjà en voie d'exécution, si le parlement de Turin, plus initié à la vie parlementaire, plus maître de lui-même, s'occupait un peu plus des questions générales et beaucoup moins des questions de personnalité. Un code nouveau supérieur au code piémontais, au code toscan, au code napolitain, viendra donc bientôt régir l'Italie entière, et la contrainte douloureuse dont l'ancien royaume des Deux-Siciles se plaint avec raison cessera d'elle-même. Les lois piémontaises, si vivement critiquées à Naples, offrent néanmoins dans l'application toutes les garanties désirables: les excellentes lois napolitaines n'en offraient aucune, car elles étaient incessamment violées sous le gouvernement des Bourbons.

On a vivement reproché au cabinet de Turin d'avoir agi trop précipitamment, ce qui a donné à son œuvre d'unification italienne plutôt l'aspect d'une *annexion* que d'une fusion. Le reproche ne manque pas de justesse, et peut sembler mérité à ceux qui ne considèrent pas en présence de quelles difficultés diplomatiques le Piémont se trouvait placé. Là gît certainement le secret de la hâte, peut-être excessive, qu'il a déployée dans ces graves circonstances. Les gouvernemens étrangers étaient en droit de lui dire : « Nous ne croyons pas à l'unité italienne, car tous les petits états de l'ancienne Italie, quoique réunis en apparence sous le sceptre de Victor-Em-

---

l'employé réclamait quatre ou cinq carlins. L'administration des postes de Naples est dirigée maintenant avec une probité rigoureuse; elle est devenue d'une exactitude qu'elle ignorait absolument autrefois. Les cochers et les *facchini* (portefaix) n'ont pas lieu non plus d'être contens, car on leur a imposé un tarif qui les empêche de rançonner les voyageurs; mais le mécontentement le plus vif existe chez les barbiers, qui, presque sans exception, regrettent tous le régime bourbonnien. La cause en est assez plaisante et mérite d'être signalée. Sous l'ancien gouvernement, la barbe était considérée comme subversive, la moustache était incendiaire, et la barbiche passait pour ennemie de l'ordre; afin d'éviter les tracasseries de la police, chacun se faisait raser de près et fréquemment; les barbiers étaient gens d'importance et fort occupés. Aujourd'hui il n'en est plus ainsi, car il est de mode maintenant à Naples de laisser pousser sa barbe.

manuel, n'en ont pas moins gardé leurs lois et leurs coutumes particulières. Ces diverses provinces forment plutôt un groupe d'états juxtaposés qu'un seul et même état, comme vous voulez nous le faire croire. » L'objection était sérieuse et menaçait, si elle n'était promptement résolue, de prolonger des difficultés considérables. Le cabinet de Turin a donc sagement agi en hâtant l'œuvre d'unification, en donnant le même régime à toutes les provinces qui s'étaient offertes au roi Victor-Emmanuel, régime qu'il connaissait et maniait de longue date, régime supérieur dans son ensemble aux gouvernemens qu'il remplaçait, puisqu'il s'appuie sur le statut, qui garantit la liberté constitutionnelle. Toutes les réformes désirées, toutes les sages aspirations auront leur jour, et découleront forcément de la large et sûre liberté sous laquelle l'Italie vit maintenant, et par laquelle aussi elle se régénère.

Dans les provinces méridionales, le cabinet de Turin a certainement pu commettre des fautes et se laisser entraîner à quelques maladresses; mais que celui qui est sans péché lui jette la première pierre! Quand on songe que le Piémont de 1859 est devenu l'Italie d'aujourd'hui, quand on considère la grandeur des résultats obtenus, on reste surpris comme devant un fait providentiel. Il a rencontré des difficultés; mais elles sont toujours restées inférieures à la force qui les combat, et cette force est l'idée unitaire, représentée par cette classe moyenne, intelligente, libre, dévouée, qui sera la gloire de l'Italie comme elle en a été le salut, surtout si elle se pénètre profondément de ses devoirs, si elle comprend qu'elle n'est que la dépositaire des améliorations apportées par le régime actuel, si elle comprend qu'elle doit le faire servir à l'élévation de la nation entière, et non pas à son propre et égoïste accroissement. L'histoire d'un pays voisin offre à ce sujet à la bourgeoisie italienne un exemple qui mérite d'être longuement médité. Dans l'ordre moral, un pas immense a déjà été fait : l'idée de patrie s'est substituée à l'idée d'autonomie, qui n'est que du municipalisme déguisé; le municipalisme a failli tuer l'Italie; l'unité, non-seulement peut la sauver, mais doit lui donner des splendeurs que son long martyre, toujours protesté, lui a méritées. Il faut souhaiter que le municipalisme ne renaisse jamais, car l'antagonisme provincial rouvrirait certainement la route aux étrangers. Il est une fable de La Fontaine que chaque Italien devrait se répéter tous les jours :

> Toute puissance est faible à moins que d'être unie (1)!

Quant à nous, qui gardons pour la liberté un amour que rien n'a

---

1) *Le Vieillard et ses Enfans*, livre IV, fable 18.

pu affaiblir, nous admirons l'œuvre qu'elle accomplit dans cette vaste péninsule si longtemps divisée; nous admirons la persistance loyale du cabinet de Turin, qui a reçu son impulsion du comte de Cavour et qui poursuit sa marche sans se laisser arrêter par les obstacles. Quelles que soient les opinions qui nous divisent, nous ne devons jamais oublier que c'est par la liberté que l'Italie s'unit et pour ainsi dire se fonde de nouveau: nous ne devons jamais oublier que, fidèle à ses principes, son gouvernement n'a point voulu ouvrir l'oreille aux suggestions mauvaises conseillères qui lui parlaient de dictature. Sans vouloir ici nommer personne, nous pouvons affirmer, en connaissance de cause, qu'un cabinet ami de celui de Turin n'a cessé de lui prêcher la nécessité d'une bataille avec le parti de l'action. Le cabinet de Turin a toujours énergiquement repoussé de tels avis, car il sait que ce parti de l'action ne veut ni une autre forme de gouvernement ni un renversement de dynastie; il veut qu'on se hâte vers l'unité complète, et il faut avouer que s'il a quelquefois des intempérances de langage, elles sont excusables. Que dirions-nous en France si nos places fortes de l'est, c'est-à-dire notre frontière ouverte vers l'ennemi, étaient au pouvoir de troupes étrangères? Que dirions-nous si, en invoquant des raisons morales si élevées qu'elles soient, un peuple voisin occupait notre capitale? Serions-nous plus patiens que certains Italiens? J'en doute. Il faut être indulgent pour ceux qui souffrent. Or il est difficile d'admettre que l'état actuel de l'Italie sans frontière au nord-est et sans capitale ne soit pas une cause de sérieuse souffrance. L'avenir sans doute aplanira les obstacles qui s'opposent encore à la réalisation complète du rêve italien, et l'Italie sera une, si elle sait rester libre, si elle sait résister aux mauvaises inspirations, de quelque côté qu'elles viennent, et poursuivre imperturbablement son but, comme il convient à un grand peuple, appuyé sur son droit.

Paris. — Imprimerie de J. CLAYE, 7 rue Saint-Benoît

www.ingramcontent.com/pod-product-compliance
Lightning Source LLC
Chambersburg PA
CBHW060524050426
42451CB00009B/1152